人間文學 B0070

窗前佛顏

滿觀

—自序—

詩情畫意

滿觀

寫詩，真的要看心情！

大學時選修了多門中文系的課程，包含詩詞選。當然，也習作了一些有著平仄押韻的五言、七言絕句和律詩；菩薩蠻、相見歡、浪淘沙等詞牌，也曾沉醉吟哦、認真填詞。

畢業後，結束「為賦新詞強說愁」的年代，又跌入鄭愁予的〈錯誤〉、楊喚的〈花與果實〉、楊牧的〈腳步〉、余光中的〈等你，在雨中〉、〈鄉愁四韻〉……。少了格律的推敲琢磨，自由、隨性的現代詩成了我詩興偶發的消遣。

說偶發、消遣，非自謙。尤其出家後，忙碌的弘法工作和修持自課，讓我不能也不應成為單純的作家、詩人吧！

對我而言，寫詩，要看心情而非靈感。心情（意念）落在「想」寫詩時，周遭的景觀、人事物才會和心相應，而寫成一首詩。從經典、公案有感而發的內涵也是如此。

幾年來斷斷續續，隨著心情捕捉來的詩，長長短短，應該有將近一百首吧。去年將它們整理，有刪除、有修改，彙集了六十一首，以其中一首〈窗前佛顏〉作為書名。

二〇一四年，由上海請調回臺灣。記得回到山上那天已半夜一點多。法堂書記室主任妙廣法師幫我一起扛著極重的行李，走在極靜的寮區，小心翼翼，不敢弄出聲響。搬至三樓的寮房，黑暗中隱約看到先前託運的十幾箱書籍已堆在屋裡。我簡單漱洗就靜悄悄摸黑躺上床。

五點半，打板聲叫醒我。睜開眼睛環視有四十多年歷史的房間：天花板處處是褐黃色的水漬痕跡；灰白的牆壁，一撮撮像小水泡聚集，有的已裂開露出灰色的水泥（後來才知道它叫「壁癌」）；釘在牆面的木櫃，表面貼皮掀起，手指一碰，枯朽腐木的屑粉紛飛。心情有些沉重，再想到要清理、要將各物品、書籍一一歸位，更覺疲憊沮喪。

忐忑不安、意興闌珊的打開窗戶，突然眼睛一亮，看到晴空下，佛陀紀念館的大佛，穩穩座落在一片綠色叢林之上，頓時，我打從心底笑開來！從此，每天在窗前，我向佛陀說早安、道晚安，向他祈願……

窗前即見佛顏，多麼幸福的事！

寫詩時，心中常有畫面。於是為了讓這本詩集更豐富，不是只有白紙黑字，我請兩位畫家畫插圖。尤俠老師習禪，如禪師，從他的《參禪參纏》更可以看出他不只是位藝術家，也是哲學家、詩人，請他畫〈禪門迷悟〉單元，非常適合。

嚴凱信是三十多年的老朋友，曾當過美編，後來專心繪圖。佛光文化的高僧漫畫《弘一大師》、《一休和尚》即出自他的手。現在請他畫〈人間悲喜〉、〈祈願祝禱〉兩單元的圖。率直坦誠的個性依然，畫風不變，添增了成熟韻味與生命厚度。

豐子愷著有《護生畫集》，旁有詩，較文言。我選了十幅，看圖另寫成現代童詩，是第四單元〈護生童詩〉。在上海時，於《大覺通訊》刊載，反應滿好，我將之收錄進來，配上它的原圖。

感謝兩位畫家，讓讀者在讀詩，品人生況味之際，能再欣賞以畫詮釋詩境的彩圖。（當然，畫家呈現的畫面，必然和我心中的影像不同，精彩多了！）也請他們寫下繪圖的心情。

喜歡茶陵郁禪師的一首詩：「我有明珠一顆，久被塵勞關鎖；今朝塵盡光生，照破山河萬朵。」世間多苦，苦也是實相。希望每個人都能知苦離苦，早日滌除塵勞，塵盡光生。

願大家品詩、賞圖愉快！

——插畫者序——

讓所在之處成為美麗花園

為文章畫插圖對我而言是一種服務業
為文字文句文意作者和讀者服務
文章如同樂曲，當簡譜完成後再能加上編曲
就更能豐富聽者的感受
插圖就是文章的編曲，延伸在文義中蘊含的餘音

創作小說和詩就像練習瑜珈
類似思想運動的擴展與收攝
除非同時具備毅力與決斷
否則很難到達收放自如的境界

有幸能為好友滿觀法師的詩文繪製插圖

他的作品《我從世間來》
是我從小到大第一部讀完的長篇小說
對於有閱讀障礙的我應該也是一個奇蹟
真是好緣好運才能遇到如是善知識

畫圖並不一定需要紙和筆
鍋鏟作畫筆，菜餚是顏料，餐桌作為畫布，幸福滿足就是那幅作品
拖把作畫筆，清潔液是顏料，地板作為畫布，清爽潔淨就是那幅作品
雙手作畫筆，換洗衣物是顏料，陽臺作為畫布，煥然一新就是那幅作品
嘴巴作畫筆，說好話是顏料，心靈作為畫布，善緣歡喜就是那幅作品

三好四給都是最上等的畫筆和顏料
擴大生命畫布，讓所在之處成為美麗花園
每個人都能成為生命的藝術家

—插畫者序—

用詩來書寫的生命日記

嚴凱信

三十年前剛退伍沒多久的我，與滿觀法師結緣在臺北民權東路的華人出版社。當時仍未出家的滿觀法師任職總編輯，我的工作是美術編輯，畫插圖、作美工。當時臺灣景氣一片欣欣向榮。

在以女性工作者居多的出版界，身為主管的她成為職場上女性下屬員工刻意保持距離的對象，這是一種很奇怪的職場文化。而我的座位被安排在她的右前方，或許這是其他同事有意安排，我就像一道人肉防火牆吧！

而我生來天性就是不受拘束，討厭階級意識，不愛排隊，討厭打卡。心裡頭知道這些小圈子文化，小鼻子小眼睛的勾心鬥角，根本就不當一回事。並且，面對前方有著白皙皮膚，文化氣質出眾的總編，我也樂得欣賞美麗的事物，偶爾也很喜歡跟她攀談一些有的沒的。

我從來不會因為她是主管而唯唯諾諾，她曾經對我說：你很聰明，只是故意什麼都不當一回事，你很豁達……

後來，自己一路走來也看多了人世間、生老病死，父親與兄長驟然離世，更讓我深思，人活著，一切的因緣都是讓我們學習，學著斷執，學著離捨，學著增進。

滿觀法師把這本詩集的三分之二插圖工作交付給了我。對著詩集的文字，我咀嚼再三，覺得好沉重的託付啊！這是用詩來書寫的生命日記，彷彿看到了滿觀法師的生命歷程與修行腳印，我好似也能想像預見未來。

既然是詩集，就要保有美的元素。面對這本詩集，著實傷透了腦筋，我不願意描繪苦痛與災難，因此，我採取了「生命戰士」的角度來繪製這本詩集的插圖，也希望插圖不要流於形式，只是搭配填空。

如果讀者能從插圖的安排與圖意，激發了自己不同的見解，那就是我的本意；讓這本詩集除了文字的欣賞，也有圖畫的深度。

滿観法師簡歷

出家二十七年
在嚴謹、規律、簡單、清淨的框架裡
身安住，心安然
可幽微深處的靈魂呼喚
以文字和世間串連
以文字傳達他對世人的關愛與疼惜
著有《靈山不如歸》、《半中歲月》、
《我從世間來》

目次

祈願祝禱

禪門迷悟

護生童詩

人間悲喜

人間事

知否？知否？

緣來勿喜，緣去勿悲

曇花

片片月白羅衫
任透綠的清水漂洗　流漾
一洄漩　已了無痕

昨夜
月下一展顏
傾生命的極致　綻絕世的風華
美麗的嬌容
乍驚豔　已悄然而去
免去英雄末路的悲愴
未歷美人遲暮的情傷

今晨
佛前　斂目頷首
佛心視我　佛音撫我
管他化作春泥更護花
管他卸盡羅衫入君懷
一生一空花
一世一水月
空花　水月　水月　空花……

（某夜，佛光山共一百餘朵曇花同時綻放。清晨早課時，見它們整齊列在佛前，聆聽《金剛經》。中午已在齋堂，化作羹湯。）

鷹與船

鷹，孤桀的鷹
永不歇的翱翔　流浪
為一個飢渴、不安的靈魂在追尋、追尋……

船，溫厚的船
無止盡的擺渡　漂泊
為一種浪漫、空虛的情懷在等待、等待……

鷹放下翅膀
船迎上溫柔
不再飢渴　不再空虛

不安的靈魂得到撫慰
浪漫的情懷得以釋放

款款河水靜默流淌
漠漠蒼穹無垠放曠

鷹，閃爍　躁動
以累劫埋藏的哀愁
回應蒼穹的呼喚
船，心焦　暈眩
以亙古留存的深情
解開牽繫的鎖鏈

逝

在黑暗中啃噬空白
在人群裡吞飲孤寂
在忙碌下擁抱茫然

惶恐的靈魂問道：
佛陀久遠　覺道幽微
法音何在？
蒼白的靈魂問道：
清純稚情　亮麗歡顏
童心何在？

憂傷的靈魂問道：
柔似秋水　暖如春陽
情愛何在？

惶恐、蒼白、憂傷……
在眼眸徘徊　不肯消逝
於是
輪迴的軌間
輾過恬淡、真純與愛戀
扁成一片白白的冷漠

擺盪

高樓車陣錯落
五彩霓燈閃爍
身行　身住　身臥
心空蕩
須得一方青水幾坨草泥來填
總教貓狗魚兒來纏
天高地闊
白雲綠樹為鄰

鳥啼蟬鳴是伴
身行　身住　身臥
心寂靜
卻思人氣俗氣凡氣
難耐眼根耳根意根止息
身與心逆向行駛
一生　如此
輪迴　擺盪　扞格

20180502 K.S.

骨肉分離

鬆動　剝落
如一顆顆玉米粒
塞滿嘴裡

牙齒掉落
骨肉分離的噩夢
不停糾纏　驚醒
可　是累劫
一世一世上演同樣的戲碼？

戀家的巨蟹
有甲殼裹身才安全　無畏
離了殼
天地之大再無棲身之處

只得
夜夜含舔剝落的
牙齒

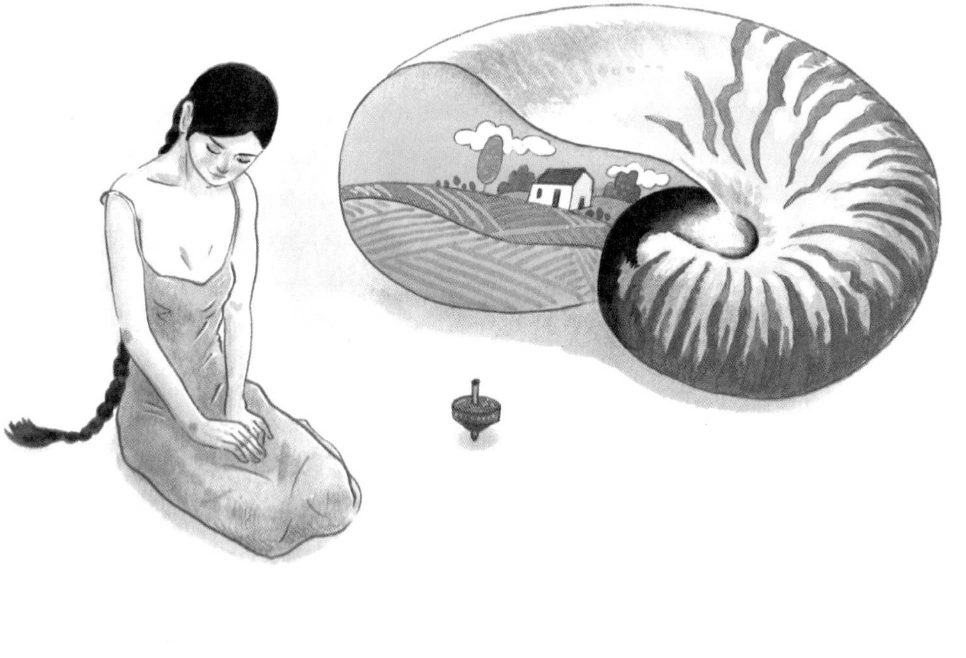

2018.05.03
K.S. yen

傻妻喔

鉤針毛線　穿來梭去
喜孜孜
織就一件背心
如正方抹布
遮不住肚臍
兒子低頭凝視
靦腆安慰他娘：有媽媽的愛心哦！

煮飯要放多少水？
菜裡鹽巴多少匙？
新婦專注忙碌的盯著食譜
依樣畫葫蘆
四叔告訴他娘：三嫂是拿著書本煮菜的！

穿上西裝
纖纖玉手體貼打著領帶

佳人當前
甘願被綰上甜蜜的束縛
沉醉　遙想
一聲：領帶歪了！
玉手把下巴往左移
古人削足適履
今有傻妻扭頸適帶

傻妻喔　我的傻妻
妳的心
為何不能也傻乎乎
緊跟著我
直
到
老
？

20180506

放不下

念心經　千百回
觀我空　一十劫
依然放不下

美麗的醬缸
捧著
細細疼惜　細細珍惜
是牽掛　是寄託
是生命存活的唯一絲縷

那美喔　那情喔
怎捨得放？
放下後　我

將焉存？

執情的心　愛美的血
一刻不停的跳躍　低吟
抽離了情　抽離了美
就此靜止　乾涸
一具空殼
我　將　焉　存？

不想放　不捨放
當然
放不下——

守著

驪歌終唱
唯我　依然守著藍天
守在樹梢一端

六月的宿命
如金紅粉蝶一一飄然離去
唯我
不離不棄

走過炎熱　走過秋涼
任枯乾凋萎　猶
堅挺不落
守著藍天
守在高高樹梢一端
以美麗鳳凰涅槃之姿

疼與嫌

玫瑰示人以甜蜜、溫柔
菟絲勾人以多情、纏綿
被寵愛
是她生命存活的源泉
被疼惜
是她生命綻放的動力

恃寵而嬌弱
恃寵而纏黏

寵愛不再
疼惜抽離
冷漠的眼神
不屑一顧的身影

鮮麗的花瓣　剎那
崩盤　墜落
一片不存
緊攀的身軀　頓時
頹靡　虛脫
絲氣也無

漂流木・餅

魚寒暄
鳥問訊
與船相會
與石交錯
翻過山　越過谷
東部　溫柔美麗的海灘伸開雙臂擁抱我
朝陽清明見證

千里奔來
歲月摧毀了肌理
滄桑抽乾了血液
溫柔的沙灘不嫌
淳善的人兒不棄
讓我
傲骨挺立　芳香恆存
在旅人驚豔的眼眸裡
在遊子思鄉的齒唇間

（某日，下雨天，吃著覺華師兄捎來的花蓮「漂流木餅」。）

任他

碩大汁美　纍纍果實
高掛
墊腳石　一個個踩踏
攀折

趾高氣昂　滿弦弓箭
待發
箭靶　一面面迎擋
穿心

一將功成萬骨枯
是功成之將　是待撿之骨
隨它去

任他墊腳踐踏
任他穿心折磨
我　依舊
真心不變　佛性常存

一生、多生

夢裡夫妻恩愛偕老
夢裡骨肉天倫歡愉
夢裡兒時童趣憨獃
夢裡識與不識
人物、場景、事件　相逢交錯

前生、再前生、再再前生　多生因緣
於夢中剎那聚合
悲歡離合　連續劇
一場一場
演不完

一次生命
換個場景　換過一生
數十年歲月
多世的生命
走過
悲歡離合　單元劇
一幕一幕
換場

人間　時間　空間
多生一生　剎那即永恆
一生多生　切割成無數

躺臥佛陀手中

止靜　燈一盞一盞滅去
佛前幽微長明燈　獨照
高廣無人大殿

走上樓梯
沿著衣襟　攀上佛足
佛低斂慈眼
似寂靜無波的海中清月
映照長跪合掌的小小身軀

紺目柔和：
「孩子，今天怎麼了？」
淚水鼻涕　滂沱
止不住　止不住
一灘一灘　在佛衣佛手佛足

知我　憐我　惜我
佛陀靜靜聽著
紺目依然柔和：
「好了，沒事了。」

眉頭舒展
安詳蜷臥厚實溫暖的手掌
睡去
一雙為阿那律穿針的手
一雙為病比丘洗膿穢的手
溫柔捧著眼角猶掛著淚珠的孩子

俱在灰塵

千般計較　萬種思索
究為何？

為保住飯碗　為爭一口氣　為自我肯定
力爭上游
泅得氣喘吁吁　精疲力盡
為得寵愛　為受重視　為求理解
竭盡心智
絞得惼惼惶惶　寢食難安

紅塵滾滾　必須翻騰
火宅危脆　仍得棲息

能似一根簡單的圓木？
能像一片潔淨的白紙？
能如溫柔的晚風？
能是無爭的人兒？

千般計較　萬種思索
面子何價　尊嚴幾錢
恩・怨・榮・辱　俱・在・灰・塵

蛻變

蛻變　羽化成蝶
翩翩飛舞　於天空於花叢
看著姐妹們蛻變成人間美麗詩篇

曾經
護生菩薩不嫌我猥瑣醜陋
為我擋開天敵
為我清掃糞便
以鮮嫩桔葉無限的供養我

飽蘸的葉綠素　讓我
一眠大一寸
通體油綠如千年古玉

終於
寂靜等待的身體在思惟：

花朵天空的誘惑　那麼真實
光明國土的美好　那麼未知

善心的護生菩薩日日以
往生咒串成通往光明國土的珍珠天梯
為我鋪設

蛻變　羽化成蝶
在繽紛花叢裡穿來梭去
我能尋回那珍珠天梯嗎？

寂靜等待的身體在思惟
思惟的身體　決定緊裹翅膀　停止
蛻變
回應護生菩薩的善心
以信任　以寂靜　以等待

（為蛻變失敗的蝴蝶而作）

湯匙傳遞

粉圓、愛玉、仙草、綠豆湯
爸爸下班打開冰箱
一口兩口三口
哥哥下課打開冰箱
一口兩口三口
一根大湯匙　在全家人的脣邊
傳遞清涼
傳遞媽媽的愛

小玉西瓜剖開
妹妹的小湯匙
在西瓜船裡划呀划
爸爸一口　媽媽一口　妹妹一口
小湯匙滴滴答答

在嘴邊在桌上
寫滿
甜・甜・蜜・蜜

一口飯　一口素肉糜
一匙一匙送進老爹嘴裡
一聲輕笑　一個故事　伴著
一匙一匙送進老爹耳裡
咀嚼　聆聽　咀嚼　聆聽
女兒的貼心孺慕
在滯茫的眼眸畫上光彩

牛奶麥片粥　是藥石
燈下桌前
一匙一匙含進嘴裡　嚥下
一口一口
傳遞清淡　山珍海味
捨棄
傳遞寂靜　繁華憒鬧
遠離
傳遞孤獨　恩愛世情
放下

撲面而來為何

除非　路只有一條
除非　天空永遠不變色
否則　怎能預測不會在迷途倉皇
　　怎能要求不會驟雨淋身

颱風、地震、海嘯、火災、車禍……
遭搶、遭奪、挨打、挨殺……
如山倒的事業垮塌
如石碎的身體崩盤
如雲湧的感情變化
潛伏　窺伺
　潛伏　窺伺
於幽微透明的空間一角
於漫漠無垠的時間一隅

不預警　從不預警
突地撲襲
掩面轉頭之間隙　也無
落荒而逃之瞬息　亦失

時空交錯的密密痲痲網絡裡
不停穿梭
小生命　一個個
這一頭　那一頭
哪個點　會驟雨淋身
哪個點　會迷途倉皇
撲面而來又為何？
我怎知
我怎知

此身何寄

小鳥築巢　以躲避風雨
魚兒用水裹身　能自在悠游
蝸牛揹著重重的殼　好隨處安身
我
此身何寄？

一床一被一桌一椅一衣櫥一書櫃
是身心安居的窩
一年二年三年……
時間堆疊
習慣積澱
終而
是身是心之所寄

一朝抽離　一夕散落
隻身奔赴異地
無熟悉的人事物
無習慣的床被桌椅衣書

如客居旅店　如暫留他鄉
非旅遊度假的閒散心情
凝視必得定著落腳安住的身軀
於空蕩陌生的房裡

每天遊魂似
問道：此身何寄？
一個聲音回應：孑然一身　一無所有　豈不快哉？

每天遊魂似
問道：此身何寄？
一個聲音響起：四大分離　此身又何寄？
執情執物的心問著
掃情掃物的心應著
問著　應著
一回問　一回應

築一個夢

築一個夢
在粉牆黛瓦的古典園林
築一個夢
在蒼山綠水的飄渺景緻
築一個夢
在暈黃燈下的甜蜜氛圍
築一個夢
在相知相惜的兩情相悅
築一個夢
在咖啡水果麵包冰淇淋串成的味蕾享受

不停的築夢
從小到大到老

黃色藍色紅色綠色白色橙色七彩氣球
一顆一顆一顆
飄浮　堆滿
在心房

一顆一顆一顆
爆破　瘍縮
在心房

不停的築夢
夢築　又夢
碎

放逐

放逐　完全
陌生的土地陌生的房子陌生的人群
眼不見眷戀的人
耳不聞揪心的事
腳不踏百千恩怨鋪就的土地

遺忘　澈底
切割數十年記憶堆疊的空間
如大陸版塊移動出的島嶼
如壁虎驚慌裂斷的尾巴
海深海冷　奮力攀挽
終　頹然放手
傷慘傷痛　猶
頻頻回顧

怎逃生？
完全放逐　澈底遺忘
就讓寒天冰地　凍凝熱血
就讓孤山黑水　阻斷情執
否則
頻頻回顧　怎逃生
怎
逃
生

愛人變親人

愛情化為親情
如沖淡的檸檬汁
濃膩的強酸血液　Ph值
逐漸逐漸　稀釋
而清明輕巧流淌

愛人變成親人
如香醇醉人的咖啡
日日飲之
浪漫飄然的心緒
逐漸逐漸　習慣
只成不可缺少的止痛劑

親人
不是露水　瞬間蒸發
不是激情　終會匿跡
是久遠以不褪花瓣串成的
業緣
是遼遠空谷聲聲不歇的
回音

愛人變親人
成了兩支並排靠攏的牙刷
相濡以沫　也
交叉傳遞期待、哀怨、不耐、要求、責怪……

莫名　無以言之
種種細菌
在親密的兩支牙刷間醞釀傳播
愛人啊　親人啊
能否永為親・愛・的・人

與蚊子共眠

你來
在寂靜的黑夜
嗯嗯嗡嗡喚醒我
與你共舞

你來
在悶溼的黑夜
萎萎猥猥靠近我
陪你談心

你來
在飢餓的黑夜
幽幽怨怨哀求我
賜你糧食

忍吵忍癢忍痛
憫你溼生　以血維生
唯願飽食後
如我一般安眠

明日再相約
共舞　談心　賜食

母親的望

母親的望　在
小女兒的輪椅和
兩支拄移的手杖
母親的望　在
小兒子永遠貼在右眼的
白紗布
母親的望　在
二兒子勞累積成的
蒼髮
母親的望　在
大兒子駛來的黑色車頭
聲音在緊閉的
耳門彳亍

食物在無齒的
嘴邊躑躅
只
留
清晰的眼根和
世界連・接
乾癟皺摺的四大之地表　是
歲月泥濘濺起的斑點　如
遠處角落的一元銅板
逃不過母親的
望
只一望
日・日・日……

祈願祝禱

心香一瓣
身奉塵剎
願碎成珠露
遍灑熱惱的心田

淨蓮

承佛教誨
蒙佛寵愛
我
尊貴聖潔　玉立兩千五百多年

雲童借我獻佛
成就了悉達多與耶輸陀羅的夫妻因緣
諸佛菩薩以我為座臺
宣廣長舌
諸善上人因我開敷
見佛生安樂國

承佛授記　具足
戒香　清淨　柔軟　可愛之軀

承佛教誨
不著塵水　無所愛憎心

於是　潔癖如我
不敢或忘生我育我的汙泥髒水
含笑接待時來叨擾的蚊蠅小蟲
至誠歡迎在池邊綠葉間嬉戲高歌的蛙群

承佛教誨
我是大乘菩薩行者
芬陀利加　優鉢羅花　優曇華
前輩典型在宿昔
聖潔尊貴

戒疤

為你貼上香珠
為你點燃香珠
佛號繚繞
赤紅灰燼　一分一分
滲入皮　滲入肉　滲入心

緊閉雙眼　兩串淚水
是燃身的痛楚？
是菩薩的懇切大願？

西瓜皮　清涼
三顆美麗紅點
是大明燈
　將照破黑暗長夜
是真寶鏡
　將指引善法大道
是摩尼珠
　將普濟貧苦眾生

三顆美麗紅點
是久遠劫來的莊嚴佛身
是至真至善的永恆法身
是本自具足的清淨僧身

三顆美麗紅點
過去　現在　未來
一世一世　喚醒
切記
是我們燃身供佛的至誠
是我們踐行菩薩道的烙印

我能給你什麼

床榻纏綿
為疾病折磨　痛苦哀號的人
我能給你什麼？

心靈受創
隱吞血水　徬徨無助的人
我能給你什麼？

生性怯懦
時時心驚膽懼　躑躅畏縮的人
我能給你什麼？

瞋毒盤踞
處處弩張備戰　如刺蝟般的人
我能給你什麼？

觀世音菩薩　千眼千手
以無盡智慧遍灑甘露法水
以無限慈悲普施溫暖慰藉
他　救苦救難
我　一介凡夫
拿什麼　給
眾生

趴

洪鐘初叩　寶偈高吟
一擊一擊　厚實悠遠的鐘聲
擊破眼底昏矇渾濁　穩穩壓回網膜

三步一拜　南無本師釋迦牟尼佛
我鎮日五體投地　匍匐禮拜
一聲一聲呼喚懇求　網膜早日貼回

上燈祈福　南無藥師琉璃光如來
祈願灌頂攝照
早得無瑕無穢光明淨眼

持大悲咒　南無大悲觀世音菩薩
懇請清涼慈悲佛手
輕柔貼穩剝離網膜

趴得臉孔浮腫
趴得筋骨酸痛
趴得胸痛胃痛
趴得虛弱乏力

趴、趴、趴
只為
不堪佛道未成眼已瞎
只為
不甘弘法之路畫句點

（二〇〇七年三月、七月，右眼兩度視網膜剝離。因手術打入氣體，必須藉由頭部朝下的趴姿將網膜頂回貼合。第一次逢農曆正月，趴時隨著春節各種修行活動作功課，共趴了五十五天。第二次手術後趴了六十二天。）

相逢

不知所以
奔來　從海峽阻隔的這一岸到那一岸
奔來　從政權拉鋸的這一邊到那一邊

你　十里洋場闖蕩　翻騰
自信的眉宇有時間輾過的愴然
幹練的眼眸掩不住匱乏的靈魂
犀利的嘴角藏不住慌亂的心事
原來　我是為你而來

你　負笈他鄉的莘莘學子
陌生寒窗　苦讀
為文憑　為功名　為探求深奧寶藏
地大物博人稠　可
遊魂似的心茫然孤蕩
原來　我是為你而來

你　生於斯　長於斯
荒地逢甘霖
久遠的佛陀法音
飄洋過海
歡喜　生澀　怯怯地
承接
質樸驚惶謹慎的中華兒女
原來　我是為你而來

此岸彼岸　此時彼時
有因有緣
佛陀的使者　我
跨海而來與你
相逢

窗前佛顏

沒有遺忘
二千五百年前的眷顧
穹蒼下
佛顏　依然

綿延翠綠　是
走往靈鷲山的荔林
悲・苦・罪・孽
片片吹落　秋風裡

佛陀　早安
佛陀　晚安
窗前合十　祈願
凝望　喚著　盼著
二千五百年　佛前的
記憶
一日一日
尋回

（寮房窗前往外望去，即見佛陀紀念館的大佛，偉岸聳立於廣袤荔枝園的遠端。日日望佛陀，最是欣喜。）

我是

我是花間吮露的粉蝶
我是樹梢撥弦的藍鵲
我是地底伏竄的蚯蚓
我是天空狩獵的蒼鷹
我是愛嬌孤傲的貓兒
我是卑微恓惶的螻蟻
我是栽松的老者
我是贈柳的藝妓

走過橋　飲下一滴
川水
嘆息　聲聲濁重

穿過昏暗的
濃霧

成了魔術師手杖一揮的
幻化

幻化身　知
幻化之身
幻化身　覺
幻化之身
　知否？
覺否？

小草

讓我　竟讓我竄離那
溫溼的沃土
　倨傲昂首向
天上的雲
不理會一方方石砌的
　冷笑
無視那一道道縫隙的
　　卑微

五百羅漢迎我以
揚眉　沉思　托天　翹足之姿
十八株百千菩提葉讚我以
酡紅光鮮之顏
我來遲　赴上
竹林、祇園、菴羅樹園、耆闍崛山的
約定而
再現

（為「五百羅漢石雕」前，石板地縫的小草而作。）

我首歸來

我歸來　終於
在流浪漂泊十九年之後
歸來

是愚痴　是貪婪
巨斧砍斫頹圮斷裂
　我無淚無怨　只
悲憫低嘆末法的惡緣

是愚痴　是貪婪
石粉填補巧筆渲染
　我不動不歡　只
安詳俯視濁世的虛諂

是愚痴　是貪婪
從河北到香港到臺灣
翻山越海　奔竄躲藏
拍賣市場　競價叫喊
　我如是如幻　只
淡然輕唱
首在首處久遠
身在身處久遠
法身
遍・滿・久・遠

直到那一刻　桌前
一位高僧與我對望
他傷痛淚淌　悲
　我的無身

他深情凝視　想
　我的莊嚴
我的眼淚　我的思念　被他
喚醒

十九年的分離
一千五百年的存在
兩岸千萬佛子的企盼
諸天雲龍甘霖的供養

身來迎我　跨海來迎我
從一千五百年　迎回
我的思念

（一九九六年二月七日，河北幽居寺釋迦牟尼佛佛首被盜，不知去向。後信徒於拍賣會購得，贈予星雲大師。二〇一五年五月二十三日，大師慈悲捐贈大陸，讓佛首回歸佛身。）

禪門迷悟

生死百千回
迷悟一念間
會否？
何日出頭時？

歇即菩提

浪花　款款
一朵一朵
擲向高高矗立的冷峻岩石
一聲一聲　聲聲不歇
岩石渾厚低吼：歇吧——
浪花嬌嗔：還不是你與風的推波助瀾！

粉蝶　翩翩
一點一頓
穿梭奼紫嫣紅的繽紛花叢
一飛一舞　飛舞不歇
黃花慵懶嘟噥：歇吧——
粉蝶揚眉：誰叫你以色以香勾引我？

鳥兒　翦翦
一張一翕
停留綿延無盡的細長電線
一翱一翔　翱翔不歇
細線靜定平穩：歇吧——
鳥兒細啐：我要展翅高飛，怎能長久逗留？

行人　惶惶
色網一圈圈
聲網一圈圈
香網一圈圈
味網一圈圈
觸網一圈圈
行人堅持不懈的繞・繞・繞
行人樂此不疲的走・走・走
如浪花　如粉蝶　如鳥兒
千古仍縷縷不絕
傳來聲聲：歇吧——
歇即菩提！

無所住

身，無所住
　稚嫩的嬰兒
　衰枯的老人
一滴滴血夜
一粒粒細胞
不曾稍住的汰換
代謝　更新　代謝　更新

身，無所住
　蒼天之下　黃土之上
　這個屋門到那個屋門
吃喝拉撒
工作睡覺
難有靜止的固著
進進　出出　進進　出出

心，無所住
如大河之流
滔滔潺潺　永奔馳
如電光石火
生生滅滅　一瞬間

心，無所住
所見所聞　卻
頑強　不捨的
執愛　執瞋　執痴　執慢　執疑

夜明　日暮
身，住在哪兒？
心，住在哪兒？
永遠的旅人
驚恐徬徨　無助痛哭

夜明　日暮
身，無所住
心，無所住
永遠的旅人
雙手一攤　仰天長笑

狗子佛性

說我無佛性
可勝似你那千頭萬緒解不開的煩惱結
可勝似你那千鈞萬馬奔不止的名利心
誰不曾迷惑？
誰不曾造作？
業識海中　浮沉流轉
於是　轉輪盤上
有你　有我　有他

說我有佛性
只因明知故犯撞入這個臭皮囊
只因冥頑不靈跌入痴騃的惡趣
你不也是裹著臭皮囊嗎？
誰又香來著？
誰又臭來著？

阿難迷失本性
佛陀陪他在迷宮裡
東西南北　裡外上下
玩了七次捉迷藏的遊戲

你找著了嗎？

悄悄告訴你
每天
我綣著尾巴　躺下來　瞇著眼
在一根根柔軟蓬鬆的皮毛中
我發現了它

因風皺面

何時　皮與肉開始有了距離？
曾經　緊密無間隙服貼、光潤、飽滿
如新摘下的蘋果
如剛抽出的嫩葉
風來　風來　風來
平滑綠水　漾出一層一層波紋
春風　夏風　秋風　冬風
吸走了脂　吹乾了水
利風　衰風　苦風　樂風
八風在心肝脾肺間　穿梭
八風在皮肉筋骨裡　奔撞
終而
拉出皮與肉的距離
似平滑綠水　漾出一層一層波紋

寸絲不掛

寸絲不掛　來到世間
竟爾
掛上我的爸媽我的兄弟姐妹我的老師我的同學
竟爾
掛上我的愛人我的夫我的妻我的子女
竟爾
掛上我的事業我的房子我的車子
竟爾
情・愛・財・色・功・名・利・祿
一件件掛上
一層層包裹

裹成扭曲醜陋臃腫的大球團
蹣跚　東跌西倒　於
此地到彼地
此時到彼時

東跌西倒　滾來又滾去
待何時
才能層層剝落　一絲不掛的
頂天立地
自由行走

枯木裡龍吟

（曹山龍吟）

拜佛佛不現
念佛佛不應
佛啊
您在哪裡？
意氣煥發　飛黃騰達
不見
痛苦消沉　困頓蹇澀
不見

極寒絕地
吐出的青嫩小草　接住
佛陀晶瑩的淚珠
浴火重生
片羽不留的雛鳥　感受
佛衣清涼的吹拂
枯槁　燈盡　幽微處
大死一番
一聲口哨輕快揚起
天邊的星兒　是
佛的眼睛

水平（仰山水平）

水能平物否？
物平？事平？理平？心平？

鷹架上
粗獷宏亮的吆喝聲
汗水在黝黑的臉龐
　在板模上的檳榔渣
禪窟裡
寂靜無喘的心跳聲
呼吸在聖潔的素顏
　在沉澱的血液

鷹架上陽光白雲相伴
汗水流淌著　灑脫、自在
禪窟裡穢泥蟲蠅為伍
呼吸遊走著　直樸、簡單

高處高平　低處低平
鴻鵠燕雀　大樹小草
何聖何凡
自在即平

貧（香嚴赤貧）

乞求衣食　乞求溫飽
乞求榮華富貴　乞求權勢名位
乞求健康平安　乞求幸福快樂
乞求聰明才智　乞求青春美貌
終於
如坐擁寶礦的山大王

總是　到得無常逼臨
驚慌棄甲
一路逃　一路丟　至
一物也無

貧而怡然含笑
疑惑　檢視

空無一物的雙手
十指屈伸為哪樁？
十指禿禿是何物？
皮骨血肉之我　竟是
數十載寄生處
驀地
狂笑不止！

不思善惡

斷、惡、修、善
畫成四角框框
遊走　遊走　遊走
幾千年來
父母說師長說社會說法律說
幪著眼　在框框裡
遊走　不踰矩

本來面目　向上一著
幪巾　不蓋眼
蓋四字——
斷、惡、修、善

渾沌開七竅
看見男女美醜善惡是非高低
萎靡鬱抑　七日而終
嬰兒啟心智
分辨男女美醜善惡是非高低
失去純真　迷惑終生

本來面目
不在善惡掂量
不在是非擺盪
無分別處
本來自性佛　端坐
朗朗晴空

心不安（慧可安心）

猜疑心、嫉妒心、計較心、憂鬱心、惶恐心、怨恨心……
此心在何處？
在體腔裡絳紅色蹦蹦跳的肉團心？
在頭顱內柔軟的豆腐腦？
顯微鏡下
細細剖解
肌理組織細胞神經網絡
覓不著
忿恨惱嫉諂誑憍慳
揑造的文字　套入

抽象的感覺
這不安　這痛苦
心　究竟
安住何處？

片雲點太虛
太虛空空　不著痕跡
小小身軀　倏忽成空
不安之心　又
何以寄！

色無常

色無常
無常是苦
朝為青絲暮成雪
昔是紅顏今雞皮
千金會散盡
高位會下臺
恩愛終究要別離
樓起樓塌　到頭空一場

緣聚
春風得意　高歌載舞

緣散
愁雲壓頂　舉步維艱

色無常
無常是苦
誰能抗拒？誰能逆轉？

隨順它　接受它
緣滅　靜待下一世緣生
緣散　靜待下一個緣聚
色無常
無常不苦

心無常

心無常
無常是苦
喜怒哭笑無常
是從娘胎出來就使慣的伎倆

前一念　兩情相悅　相看總不厭
後一念　反目成仇　避之恐不及
上一刻　慈悲清淨歡喜明理溫柔體貼精進……
下一刻　殘忍瞋害無明任性粗魯憂鬱懈怠……

心無常
十法界裡　穿梭奔馳不已
上天入地　翻雲覆雨
苦啊！

心如猿猴、如電光、如野鹿、如盜賊
可　心無形無狀
誰能讓雪白如花如冰淇淋的雲朵
永遠定著
誰能讓晶瑩如珍珠的水泡
永遠不破

猜不透別人的喜怒哀樂
持不住自己的喜怒哀樂
晴時多雲偶陣雨　本來如此
心　不可恃　不可信　不可執
心無常
無常不苦

無情說法（雲巖無情）

為月憂雲　為書憂蠹　為花憂風雨
是菩薩悲心耶
是凡夫痴心耶

石頭　細數歷史滄桑
流水　涵納淨穢萬千
塵飛土揚　夏啖冬雪
色、聲、香、味、觸
伴我們一起生活修行

傾聽喔
它們在訴說什麼
無情說法
誰得聞之？

有情俗心　感得
喜怒哀懼愛惡欲
無情佛心　參得
信進慚愧聞施慧

無位真人

這廝好生無禮
沒看過貓兒搭電梯　大驚小怪
只兩腳動物才坐得？
我還知道何時下車呢！

這廝好生無禮
不過個頭大一些就狂妄吠吠不停
我高踞屋簷
你又奈我何

這廝好生無禮
本大王在此
耗子早紛紛逃逸　你
何其囂張
六隻腳甲蟲存活三億年　又如何？

頭出來了
嘿——
啪——　慢著
佛說「一切眾生皆有佛性」
我不敢輕視汝等

不論胎生、卵生、兩腳、四腳、多腳
佛性無位
存在每一個空間裡
活活潑潑　無拘無束　自由來去
我是無位真人
你亦無位真人
我不敢輕於汝等

三界唯心（羅漢片石）

一心一世界
三千心三千世界

花花世界
由心念、心志、心願、心力
一一　構築
如仙女棒、點石指
隨心所欲
唯心所役

心捏了黑幕　掩住眼睛
心捏了棉球　擋住耳朵
心捏了泥團　塞住嘴巴
心捏了監牢　囚住身體
心捏了城堡　關住心靈
城堡關住心
心馱負城堡
像蝸牛　步履蹣跚
漸行漸重　漸行漸重　漸行漸重

動

舞得曼妙婀娜
舞得火辣招搖
放肆天地間
是
風撫慰　風撩撥　風蹂躪
抑
樹難耐　樹勾引　樹癲狂
卻教
心神迷　心蕩漾　心遠颺

樹動　風動　心動
惹來塵埃處處
如枯葉片片
灑落滿地

凡聖兩忘

一把剪刀
剪方剪圓剪規矩
一把尺
量長量短量高低

一把刀一把尺　裁出
仁義禮智信
溫良恭儉讓
聖者典範
高山仰止　景行行止
一把刀一把尺　裁出

貪瞋痴慢疑
諂誑憍嫉惱
凡夫習性
如影隨形　自他扞格

一把尺一把刀
剪凡剪聖

凡心中有真心
真心不辭凡心
丟下刀尺
無凡無聖

我執

曠劫　無始
層層密密纏覆
我痴、我見、我愛、我慢
末那識　恆、審、思、量
終而
塑成頑固不明的我
塑成貪染不淨的我
塑成貢高不平的我
塑成偏激不和的我

行走世間
六根觸角探索色聲香味觸
不停吸吮
深深・緊緊・攀緣
不肯放

生命的分別我執
不失不滅
一世一世
堆疊回薰
回薰堆疊

真我假我

（倩女離魂）

清清朗朗一個好人兒　怎
折騰得如此灰頭土臉？
皎潔明眸布滿紅絲灰網
粉嫩雙頰如是蒼白黯淡
烏黑秀髮變得枯乾無光
燦爛笑靨驟然垂縮脣畔

阿伊是誰
把一個清朗好人兒弄丟了？

我？
可不！

真我自顧自出門閒蕩
假我在家胡作非為
怎不攪成一個醜陋面目？

倩女離魂
真我假我　六年終而合一
你　何時才願安心內裡坐？

護生童詩

莫欺牠、莫傷牠
一樣骨肉一樣皮
惜牠、護牠
許你一片淨土

蜘蛛姐姐愛織布

蜘蛛姐姐愛織布
穿來梭去
織成浪漫神祕的一片晨霧
蜘蛛姐姐愛織布
穿來梭去
織成銀光閃耀的一襲瀑布

美麗的瀑布，朦朧的晨霧
誘惑著、誘惑著

蜻蜓哥哥撲上來
翩翩的翅膀不再飛舞
蜜蜂妹妹鑽進去
優雅的身軀掀開了肚

窘呀窘呀　苦呀苦呀
小哥哥，救命啊——救命啊——

輕輕撥開　輕輕撥開
撥開翅膀、撥開腳
寬廣的天空，讓你自由追逐
青翠的草地，任你隨意踏步

去吧　去吧
睜大眼睛，不要再迷失了路
浪漫的不是晨霧
閃耀的不是瀑布
是蜘蛛姐姐拐你騙你的消魂術
去吧　去吧
睜大眼睛，不要再迷失了路

催喚山童為解圍
靜看簷蛛結網低無
端妨碍小虫飛蜻蜓
倒挂蜂兒窘催喚山
童為解圍
宋范成大詩

佛性在哪裡

你是人　我是狗
你有爸爸媽媽　我也有爸爸媽媽
你有生命　我也有生命

你是人　我是豬、我是牛、我是雞、
我是鴨、我是貓、我是魚……
你有爸爸媽媽　我也有爸爸媽媽
你有生命　我也有生命

你有皮有肉有骨　我也有皮有肉有骨
捏我打我　我會痛
割我殺我　我會流血
你會嗎？當然會呀！

佛陀說每一個生命都和他一樣
有智慧、有德性
趙州禪師說「狗子有佛性」
我有佛性，你有佛性，大家都有佛性耶！

佛性在哪裡？
在小鳥空中飛翔的自由裡
在魚兒水中游泳的快樂裡
在牛羊草地慢行的悠閒裡
在小豬呼嚕打鼾的輕鬆裡
還有
在你善良、純潔、正直、平等的心田裡

平等
我肉眾生肉
名殊體不殊
原同一種性
只是別形軀
宋黃庭堅詩
THEY ARE THE EYES OF EQUALS
—— TURGENIEV ——

聽魚在哭泣

潺潺的流水　是魚兒玩耍的大地
清清的流水　是魚兒呼吸的空氣
大江大海　小河小溪
有許許多多的生命在成長孕育

一條一條的釣魚
一網一網的捕魚
貪心的人
更要放・水・取・魚

嗒嗒啪啪　啪啪嗒嗒
水上滾出無數的漣漪
水位越來越低

鯉魚爸爸　鯉魚媽媽用力一躍
跳了出去
鯉魚寶寶扭動小小身軀
就是翻不過築堤

媽媽心慌　爸爸心急
嗒嗒啪啪　啪啪嗒嗒
跳出來　躍進去
沒了水，孩兒們如何呼吸？

貪心的人
你可曾聽到我們在哭泣？

鯉魚救子
劉子璵竭塘取魚，放水將半，
有二大鯉躍出堰外，復躍入，
如是再三。子璵異之，因觀堰
內有小鯉數百不得出，故二
鯉往救，寧身陷死地不顧也。
子璵嘆息，悉出堰放魚。
人譜

小鳥要築巢

嘰喳、嘰喳　嘰喳、嘰喳
小鳥大聲嚷著我們要築巢
為了迎接快要來臨的寶寶
東邊飛一飛　尋尋找找
南邊飛一飛　尋尋找找
西邊飛一飛　尋尋找找
北邊飛一飛　尋尋找找
哪裡才是我們安全的窩巢？

高高的樹枝
大風大雨一吹就倒
低低的草叢
頑皮小貓會來干擾

哪裡才是我們安全的窩巢？

屋簷下　窗臺邊
不怕風雨不怕干擾
叼來樹枝啣來草
嘰喳、嘰喳　嘰喳、嘰喳
我們在築巢

寶寶張大嘴巴嗷嗷叫
媽媽給了米粒和麵包
姐姐輕聲笑
弟弟來說早
善良的人家個個都好

雀巢可俯而窺
人不害物
物不驚擾
猶如明月
眾星圍遶

叫落滿天星
赤幘峩〻玉羽明
籬間新織竹籠成
老人從此知昏曉
不用元戎報五更
宋陸游鷄诗

起床囉

鮮紅的頂冠
飽滿的胸膛
雄赳赳　氣昂昂
拉開喉嚨　咕—咕—咕——
看我的歌聲多嘹亮

第一聲響　掀開黑色的帷幔
滿天的星星跌得失色倉皇
第二聲響　喚醒睡飽的太陽
紅通通的圓臉綻放溫暖的光芒
第三聲響　催促勤勞的農夫
扛起鋤頭趕快下田插秧

咕—咕—咕——
起床囉
我的聲音一響
媽媽下廚房
爸爸忙起床
姐姐對鏡梳妝
弟弟急著找鞋穿

咕—咕—咕——
聽我的歌聲多嘹亮
叫醒大地　劃破天光
所有的生命開始喧喧嚷嚷

牛的禮讚

你的乳汁美味又新鮮
一口一口　養出了健康的童顏
你的雙腿平穩又能幹
一步一步　犁出了肥沃的稻田

白天　你我相伴去下田
任憑風吹日晒雨淋
不抱怨　不偷懶
只要禾苗快快生長
變成填飽大家肚子的米飯
傍晚　你我相伴回家園

嚼著青青的嫩草　瞇著睏睏的雙眼
小孩跑跑跳跳　身旁繞圈圈
大人說說笑笑　一家多悠閒

一年又一年
五年、十年、二十年
你的眼神蒼茫　你的步履蹣跚
不要怕　不要慌
你是我們的家人
對你不棄　對你不嫌
青草嫩嫩隨你嚐
庭院寬寬任你眠

農夫与乳母
憶昔襁褓時 嘗啜老牛乳
年長食稻粱 賴尔耕作苦
念此養育恩 何忍相忘汝
西方之學者 倡人道主義
不啗老牛肉 淡泊樂蔬食
卓哉此美風 可以昭百世

銜泥帶得落花歸
一年社日都忘了忽
見庭前燕子飛禽鳥
也知勤作室啣泥帶
得落花歸
清昌霜诗

春風悄悄的颳

春風悄悄的颳
樹枝紛紛冒出嫩芽
紅花、白花、黃花、紫色花
一朵朵、一簇簇
遍地開得嘩啦啦

春風悄悄的颳
爸爸調勻油漆　牆上細細粉刷
上上下下刷出光亮美麗的家
媽媽拿出春裝　太陽下撢一撢、擦一擦
姐姐弟弟穿在身上　都成了漂亮的娃娃

春風悄悄的颳
燕子開始吱吱喳喳
忙著四處蹓躂
我們也要搭建美麗又牢固的家
不用摘　不用挖
花瓣飄落泥土
花中有泥　泥中有花
一口一口啣回來
紅花、白花、黃花、紫色花
一塊一塊貼上去

啊呀——
好一個安全又漂亮的家
好一個溫暖又芬芳的家

初生的小鹿
陳惠度於剡山射孕
鹿，既傷，產下小鹿，以
舌舐子身乾，母鹿乃
死，惠度見之慘然，遂
棄弓矢為僧。
人譜

初生的小鹿

蒼翠的山林
鹿媽媽挺著大肚　緩緩漫步
為寶寶尋找合適的誕生處

咻——
弓箭穿筋透骨
鹿媽媽倒地匍匐
忍著悲傷　忍著痛楚
奮力把孩子生出

血淚交織　模糊恍惚
孩兒別哭　孩兒別哭
媽媽只能舔乾舔淨你的皮膚

不—能—為—你—哺—乳——

獵人奔來捕捉獵物
母鹿奄奄　小鹿嗚嗚
我的心腸何等殘酷
失去了母親　小鹿怎能活？

丟下箭　拋開弩
從此不再傷生物
丟下箭　拋開弩
撫育初生的小鹿
護佑一切的生物

冬日的同樂
盛世樂太平 民康而物阜
万類咸喁喁 同浴仁恩厚
昔日互殘殺 而今共愛親
何分物与我 大地一家春
水

冬天的太陽

汪、汪、汪　喵、喵、喵
小狗追　小貓跳
玩一玩　鬧一鬧
回到庭院睡個好覺
嘎、嘎、嘎　嘰、嘰、嘰
鴨子昂首擺尾
母雞小雞地上團團繞

冬天的太陽溫暖照耀
弟弟抱出飼料
大聲喊著：吃飯時間到了！
爺爺眯起眼睛
輕輕哼著長城謠

冬天的太陽溫暖照耀
寬廣的土地無私承載
不分高山平原、大樹小草
不管貧富貴賤、男女老少
不論牛羊馬豬、雞鴨狗貓
沒有分別　沒有計較

我們也要相親相愛
沒有爭吵的世界多美好
我們也要相親相愛
沒有爭吵的世界多美好

笛聲吹

夕陽西下　楊柳低垂
牧童坐在牛背
帶著清風彩雲歸
笛聲吹
悠悠——揚揚——
老牛笑開嘴
頭兒頻頻回
小哥哥你的心腸柔軟如流水

笛聲吹
清清——朗朗——
鳥兒忘了飛
拉開喉嚨一聲聲婉轉搭配

小哥哥你的心地單純又善美

笛聲吹
叮叮——噹噹——
青蛙不再沉睡
池邊唱歌跳舞開起了派對
小哥哥你的心思靈動又聰慧

笛聲吹
牧童騎在牛背
帶著清風彩雲
帶著滿滿的歡喜一步一步往家歸

老牛亦是知音者
橫笛聲中緩步行
慈心感物
有如詔武
龍翔鳳集
百獸率舞
智顗補題

人間文學 B0070

窗前佛顏

滿觀

作者　滿觀

執行編輯　黃怡禎
美術編輯　不倒翁視覺創意
封面繪圖　嚴凱信
插畫　尤俠・嚴凱信
畫作提供　佛陀紀念館

出版・發行　香海文化事業有限公司
發行人　慈容法師
執行長　妙蘊法師

地址　241新北市三重區三和路三段117號6樓
110臺北市信義區松隆路327號9樓
電話　(02)2971-6868
傳真　(02)2971-6577
香海悅讀網　www.gandha.com.tw
電子信箱　gandha@gandha.com.tw
劃撥帳號　19110467
戶名　香海文化事業有限公司

總經銷　時報文化出版企業股份有限公司
地址　333桃園縣龜山鄉萬壽路二段351號
電話　(02)2306-6842
法律顧問　舒建中・毛英富
登記證　局版北市業字第1107號

定價　新臺幣250元
出版　2018年8月初版一刷
ISBN　978-986-96594-0-6
CIP　107010274
佛光審字　第00048號
建議分類　現代詩｜圖文｜小品

國家圖書館出版品預行編目(CIP)資料

窗前佛顏 / 滿觀作. -- 初版. -
新北市 : 香海文化, 2018.08
144面 ; 21×17公分(人間文學B0070)
ISBN 978-986-96594-0-6(平裝)

1.現代詩2.圖文3.小品

225.517　107010274